AF399098

Herren er min hyrde

Digtsamling

Af Maria Krümmel Laustsen

2020

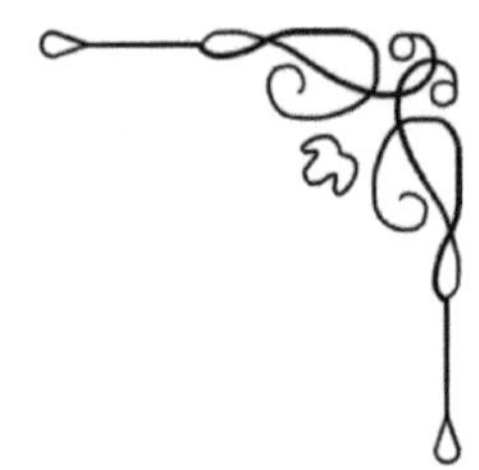

Maria Krümmel Laustsen

Herren er min hyrde

1. Udgave, 1. Oplag

ISBN: 9788743025788

Omslag og grafik: Maria K Laustsen

Forlag: BoD – Books on Demand, København, Danmark

Tryk: BoD – Books on Demand, Norderstedt, Tyskland

Forord

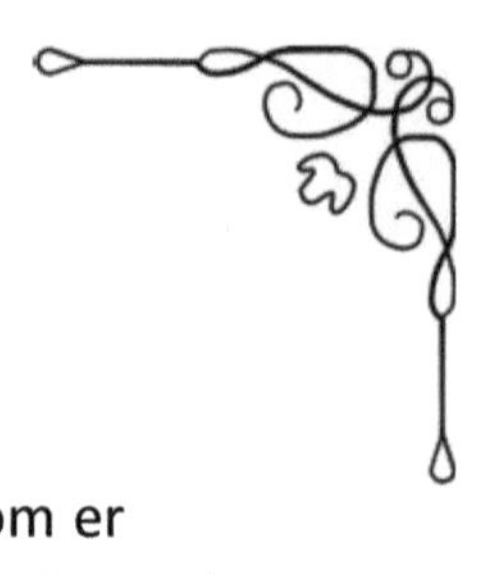

Denne digtsamling er en samling af digte, som er
skrevet i en periode i mit liv, hvor jeg kæmpede med
psykisk sygdom.

I denne periode var Herren mit sikre tilflugtssted. Han
var der altid. Jeg kunne altid læsse af på ham.

Jeg skrev mange digte i den periode, men denne mindre
samling, er en samling af digte skrevet til eller om ham.

Den første del bærer præg af håbløshed og fortvivlelse,
hvorimod den anden del overvejende er positiv og
bærer præg af håb og taknemmelighed.

Jeg håber med denne samling, at du vil få et bedre indblik og
en bedre forståelse for tanker, der kan være i en ung kristen
pige med en psykisk sygdom.

www.optimerditliv.dk

Indhold

Hjælp mig Herre

Jeg føler mig ofte:

Uduelig

Dum

Grim

Fed

Ligegyldig

Forfærdelig

Irriterende

Tilovers

Udenfor

Elendig

Rædselsfuld

Nul og nix

Fortsættes

Herren siger jeg er:

Værdifuld
Uundværlig
Smuk
Unik
Vidunderlig
Dejlig
Klog
Fantastisk
Til gavn
Herlig
Fantasifuld
Meget og alt

Kom til mig

Midt i sorgen min
Kom tanken" Jesus kalder mig sin"
Jeg bad en stille bøn
Til Jesus Guds søn
Jesus kom og løftede mig op
Satte mig igen på glædens vej
Jesus går med mig - siger ikke nej
Når jeg flere problemer får
Ved jeg Jesus ved min side står

Sprækken

Jeg hen ad livet gik
Pludselig et stort problem jeg fik
Foran lå det som en sprække
Som tværs gennem livet ville sig strække
Jeg ville udenom den vandre
Med stier andre
For mig det ikke lykkedes
Så jeg ville over sprækken hoppe
Som en let og lille loppe
Men jeg ude midt i sprækken havnede
Jeg vidste ikke at det gavnede
Jeg nu ville op
Men dog ikke med hop
Siderne var for våd
Af al mit hjertes gråd
Det onde ville mig trygge
Så jeg ingen steder kunne mig rykke
Jeg var fanget i livets sorte hul
Jeg følte faktisk jeg var et nul

Herren min læge

Herre du som læger alle sår
kom og læg du også mit
Du som rejser et bøjet siv
rejs du også mig
Du som tager dig af den ene
tag du dig af mig
Du som renser hver en sjæl
kom og rens også min
Du som beskytter mod det onde
kom beskyt også mig
Du den store frelser
frels du også mig

Fængslet

Herren lagde en lovsang i min mund
Jagede alt det væk der var ond
Jeg er frelst af hans nåde
Mine øjne er ej mere våde
Et ondt fængsel i mit hjerte
voldte mig al for megen smerte
Herren åbnede døren til mit fængsel
og satte i mig en længsel
efter at tjene Herren

Herre hjælp mig

Herre fyld mit hjerte
Fri den for al dets smerte
Herre lær mig at elske
mig selv og andre
Lad mig vandre
Vandre med dig
Jeg ved du ikke siger nej

Herre

Herre husker jeg dig?
Herre lever jeg med dig?
Herre fortæller jeg om dig?
Herre viser jeg dig?
Herre beder jeg rigtigt til dig?
Herre bruger jeg gaverne fra dig?

Jeg glemmer ofte:

Herren aldrig glemmer mig!
Herren vil altid leve med mig!
Herren fortæller om sig selv til mig!
Herren viser sig for mig!
Herren lytter altid til mig!
Herren giver overflod af gaver til mig!

Han er hos dig

En ting du altid huske må
Gud dig kalder på
Aldrig forlader dig
Aldrig dig slipper nej

Han elsker dig
Alle og mig

Han er hos dig

Frelse

Han vil frelse alle som vil
Han vil dig ikke tvinge
Alligevel vil han håbe
Du vil komme under hans vinge
For han vil altid på dig råbe
For han vil frelse alle som vil

Kom til ham

Du kan aldrig gemme dig
For Herren
Bekend din synd
Han befrier
Sletter gældsbeviset
Lev i freden
Lovpris Herren
Pris ham for det han har gjort

Jesus lever

Hvorfor trist?
Hvorfor græde?
Hvorfor sørge?
Hvorfor dyster?
Jesus LEVER
Han vil frelse dig
Han vil vise vej

Kom frem

Du kan aldrig for Herren dig gemme
Hvor end du så er henne
Ej heller hjemme
Så kom frem
Lad ikke djævlen
på dig få ram´

Knækket

Som græs der knækkes
af det hårde vand
Tynges vi af det ondes sand
I en løgn der aldrig vækkes
Det onde Herren knækker
I løgnen han dig vækker
Føre dig fra det kolde vand
Ind til det varme land
Ingen tvivl om at Herren kan

Jeg bøjer mig

Herre i det høje
Jeg vil for dig mig nedbøje
På den sorte muld
Fortælle med et hjerte så fuld
om al min nød
Ønsket om at være død
Jeg er jo ikke til gavn
Der vil sikkert ej være
noget savn
Pas på mine kære

Mørket

Midt i den stille dystre nat
Jeg mutters alene sidder
Føler tomheden
Føler forladtheden
Føler faren
Føler ondskaben
Føler mørkets vrede
Føler mig fortabt
forladt af alle
- ja selv af Gud

Fra lyst til mørkt

Alle de mange pligter
med leg jeg formår
Men med et det hele svigter
Jeg ingenting ej forstår
Fra at gøre alt med sang
hele dagen lang
til det hele bliver hårdt
og jeg vil flygte bort
Mit dejlige liv
føltes pludselig så stiv
Nu i mig står en borg
fuld af sorg
Alt det onde binder
Jager væk alle de gode minder
Det onde vinder

Løgnen

Den kommer som en tyv om natten
Den kommer ved højlys dag
Den kommer til alle
Dens sandfærdige øjne
blænder som solen
Den overbeviser og bilder ind
Den sætter sine skarpe fodspor
Den kommer når man mindst venter
DEN

Lysets kraft

Et lille lys
Fager og fin
Lyser op
I den mørke vinter
En vind truer med
at blæse det ud
Regnvejr på vej
Vil det slukke?
Nej, flammen holder
livet
Lyset giver nye kræfter
Ny energi

Guds kærlighed

Guds kærlighed

Ej solens stærke lyse stråle
Kan med Guds kærlighed sig måle
Stærkere end den stærkeste vind
Blødere end et spædbarns kind
Mildere end den røde roses duft
Friskere end den kølige luft
Smukkere end nattergalens sang
Mere vidunderlig end musikkens klag
Er Guds fantastiske kærlighed
Som han aldrig vil la gå ned

Kærlighed

Men hvis jeg mod himlen skuer
ser jeg en funklende stjerne
Med ét føler jeg
alle lumske luger
lukker sig
Nu kan jeg
ikke sige nej
til at Gud nu er mit hjertes kerne
Fylder det med en kærlighed så stor
Der fylder hele vor runde jord

Tættere på dig

Det vigtigste er ikke
Om du har succes eller fiasko
Men hvordan din fremgang
eller dit nederlag fører dig hen
Bort fra eller nærmere Gud
Alt kan føre os nærmere
Alt kan føre os længere væk
ALT
Alt som livet stiller os overfor
Af lidelse og sorg
Af skønhed og trøst
Alt, hvad vi selv gør
Godt såvel som ondt
Alt kan blive til bedste for os
Føre os nærmere til Gud
Dybere ind i livet

TAK

Jeg takker for solen
Jeg takker for fællesskabet med de andre
Jeg takker for den mad jeg kan få
Jeg takker for dem der vil høre
Jeg takker for de smil jeg får
Jeg takker for min tro
Jeg takker for min familie
Jeg takker for det tøj jeg har
Jeg takker for taget over mit hoved
Jeg takker for forskånelsen for katastrofer
Jeg takker for Jesus
Jeg takker for livet
Jeg takker
TAK

Gaven

Livet er en kæmpestor gave
Lev det med pragt
så vil du i himlens have
se en vidunderlig magt
Hvor englesang følger med blæsten
Du får lov at være med til himlens fest
Herrens borg
i himlen står
Ikke med sorg
men med evig vår
Med himmelsk sang
hele evigheden lang

Himlen er fantastisk!

Himlen er fantastisk!
Halleluja!

Tænk musen kan enes med katten
Tænk det onde er ikke om natten
Tænk intet ondt skal ramme dig
Om der i himlen ikke er ondt?
Mit svar til dig er: NEJ!
For det er for os ikke sundt
Himlen er fantastisk!
Halleluja!

Tænk alle de store profeter vi kan møde
og de er alle overfor os søde
Tænk vi på Jesu´ knæ må sidde
Og efter det gode vi aldrig behøver lede
Himlen er fantastisk!
Halleluja!

Fortættes…

Tænk vi kan røre løvernes manker
og plukke af træernes ranker
Tænk vi kan med leoparder springe
og med himlens festklokker ringe
Tænk vi kan sidde til bords med Gud
Synge og prise ham på hans bud
Himlen er fantastisk!
Halleluja!

Tænk vi kan med englene synge
blive skubbet af Samson på en gynge
Tænk vi kan se den gamle Metusalem
og se Herren oprette det ny Jerusalem
Tænk vi kan med englevinger flyve
og aldrig høre nogen for os lyve
Himlen er fantastisk!
Halleluja!

Jeg takker dig

Som fuglen flyver
flyver jeg med Herren

Som kænguruen hopper
hopper jeg med Herren

Som løven løber
løber jeg med Herren

Som hunden holder vagt
vogter jeg med Herren

Som fiskene svømmer
svømmer jeg med Herren

Som dyr spreder glæde
spreder jeg glæde med Herren

Som naturen gir´ dagene farve
farver jeg dagene med Herren

Som Jesus fortalte om frelse
vil jeg fortælle om frelse igennem
Herren

Sendebud

Jeg vil gå ud
som Herrens sendebud
Jeg vil fortælle med stor ærlighed
om Herrens fantastiske kærlighed
Fortælle om dommens dag
hvilken stor regnskabs sag

Gå ud

Gå nu ud
Som sendebud
for vor Gud
Gå ud på vand
Gå ud på land
Gå ud på sand
Jeg ved du kan
For Herren vil med dig gå
Sammen kan I mange nå

Kærligheden

En ubetinget glæde
Et venligt smil
En hjælpende hånd
uden nogen bagtanke
Et opmuntrende ord
En irettesættelse
Et lyttende øre
Et ja i kirken
Et bankende hjerte
Et bånd der binder mennesker
En venlig tanke
Et godtroende sind
En optimistisk sjæl
Et selvforglemmende hoved
En åben hånd
Et overfyldt hjerte
Det er blot en lille del af
hvad kærlighed er

Du er hos mig

Når jeg er svag og ikke kan gå lige
Eller knap kan gå
Da går du ved min side og støtter mig
Dine ord og din støtte
Gør at jeg kan gå gennem livet
jeg ønsker du vil gå med mig
Resten af livet
For når jeg har dig ved min side
Ved jeg
Jeg får et lykkeligt liv
Jeg elsker dig

Helligånd

Helligånd blæs liv i mig
Kom og rør mit bankende hjerte
Tænd ikke kun en gnist
Tænd et bål i mig
Giv mig dit universelle sprog
Giv mig en tunge af ild
Tag plads i mig
Brug mig
Helligånd

Din tryghed

Du pakker mig ind i din tryghed
Svøber mig i renhed
Bader mig i velsignelse
Du vasker alt mit snavs væk
Nogle gange bruger du en klud
Andre gange finder du den grove børste frem
Hvis jeg lader dig
Får du mig ren hver gang

Haveejeren

Han går en tur i haven
Frydes over det han ser
Havens forskellighed
De store solsikker
De små for-glem-mig-ej
De fyldige buske
De majestætiske liljer
Alle forskellige
Alle med hver deres ynde

På en af sine daglige gåture
Når han til en lille sommerblomst
Hun hænger med hovedet
Havens ejer undres
Han går straks i gang med at handle
Giver blomsten vand og gødning
Ikke længe efter rejser blomsten dit hoved
Takker glad ved at stråle af glæde
Havens ejer glædes igen

Fortsættes

Hver en plante betyder noget særligt
Ingen er mere værd end andre
Alle har de en særlig plads
En plads at udfylde
Hvis nogle ikke trives
Ændrer han forholdene
Ikke selve planten
Planten er unik
Det er omgivelserne ikke altid

Rens mig

Du gennemlyser mig
Du ser alt
Trods det
VIL du mig
Du brænder skidtet væk
Heler mig

Rens mig

Herren er der for dig

Herren tager sig af fuglene
Iklæder dem udvalgte dragter
Sørger for de har kan finde mad
Leder dem trygge steder
Giver dem et næb at synge med
Mon ikke de priser ham
priser ham med hver deres sang

Pris Herren for han er Gud

Bjørnemor beskytter sin unge
Hun drager ud for at finde mad
Hun deler det bedste med sin unge
Skærmer ungen fra de store farer
Men puffer dog ungen ud i livet
Gud beskytter og puffer også os
Deler sine rigdomme med os

Pris Herren for han drage omsorg for os

Fortsættes

Herren vander de tørstige planter
Giver dem solens energi
Iklæder dem en farvestrålende dragt
Lader bier drages af deres farver
Gøder jorden med naturens gang
Mon de priser Ham med skønhed
Priser Ham ved at stråle

Pris Herren for han kender vores behov

Klar til kamp

Jeg er klar til kamp
Jeg har iført mig et bælte af sandhed
Taget villighedens sko på
På hovedet har jeg frelsens hjelm
Min brynje er foret med sand retfærdighed
Som skjold har jeg min klippefaste tro
Sværdet i min hånd er belagt med åndens styrke
Men mit vigtigste våben er bøn
Med den får jeg adgang til en hær af Herrens engle
Jeg er klar til kamp

Hans ord står fast

I en tid med savn og længsel
med usikkerhed og angst
Da holder jeg fast i Herren
Hans ord giver håb og lys
Han vil altid give mig
sikkerhed og fred
Uanset hvor meget denne verden ramler

Mere af samme forfatter:

"Digte fra en svær tid" af Maria K Laustsen, 2020

Hvis du ønsker at læse eller vide mere, så se på;

www.optimerditliv.dk

www.facebook.com/optimerditliv

www.instagram.com/optimerditliv